AF259693

# LES EXPLOITS

## D'UN

# GUERRIER FRANÇAIS

### SUIVIS D'UNE

# ÉPITRE A CÉSAR

CAMBRAI

IMPRIMERIE DE ALEXANDRE RÉGNIER-FAREZ,

28, PLACE-AU-BOIS, 28.

—

1871

# LECTEURS,

L'esprit des courtisans d'un Gouvernement absolu égare et perd les rois, fait le malheur des peuples ; l'histoire nous fournit sur ce point une multitude d'enseignements.

Aujourd'hui l'un de ces tristes exemples se reproduit.

Après un règne de vingt années plus consacrées à énerver les cœurs, à s'entourer d'hommes souples et cupides qu'à s'occuper du bien-être de toutes les classes, un prince parjure devenu empereur, tombe du trône où il n'était parvenu qu'au mépris de son serment et de l'honneur, de toutes les lois de justice et d'humanité.

Un des plus audacieux César des temps modernes que notre nation ait vus au pouvoir, s'est rendu ignominieusement dans les mains à la volonté d'un autre César auquel il avait déclaré la guerre, et comme celui-ci plus passionné pour satisfaire son orgueil tyrannique et envahisseur que pour chercher la paix, la vie et le bonheur de ses sujets.

Dans sa chute due à son imprévoyance, à son incapacité, à celle des faibles et des flatteurs qui l'ont servi, il laisse notre belle France en deuil, envahie et démembrée, accablée d'impôts et humiliée, et qui encore laisse-t-il dans cette douloureuse situation ? Non seulement les masses considérables qui l'ont voulu, les uns par leur ignorance, d'autres par l'appât du lucre, des faveurs ou d'une vaine décoration, le plus grand nombre par le seul prestige d'un nom devenu désormais tristement célèbre ; il procure aussi le même sort aux hommes éclairés qui l'avaient trop bien jugé par ses antécédents déplorables, aux cœurs sincères et généreux dont beaucoup furent victimes de ses desseins criminels, pour refuser de s'associer à tous ses forfaits avant son avènement et pendant qu'il fut sur le trône.

FRANÇAIS,

Cette leçon est dure, msis plus elle est cruelle plus elle peut suffire pour vous pénétrer de vos droits de citoyens et de tous vos devoirs. Cet enseignement frappant et mémorable doit vous être salutaire, vous prouver l'impérieux besoin de vous choisir désormais pour soutenir énergiquement vos intérêts, non plus des hommes égoïstes et versatiles, mais uniquement des hommes sincères, justes, éclairés et vertueux. De tels mandataires, par leurs actes plutôt que par leurs discours, sauront vous donner de bons exemples à suivre, vous inspirer l'amour du travail, du bon ordre, le goût la facilité de vous instruire, comme conditions indispensables à remplir pour être heureux.

A côté de toutes ces nécessités il en est une à laquelle la nation entière a besoin en ce moment plus que jamais de se rendre sans retard : C'est le patriotisme oublié ou méconnu sous le gouvernement déchu, et dont la conséquence funeste contribue puissamment à la somme de tous les maux que nous déplorons aujourd'hui.

Pour donner à chacun de vous un faible aperçu de ce qu'était ce patriotisme comme la valeur guerrière, au début de la première république en 1792, nous croyons à propos de publier et de propager le plus possible la notice biographique d'un intrépide soldat de cette grande époque, **Saignez** *Emmanuel*, notre oncle maternel; les beaux faits d'armes et la bravoure militaire qui le distinguent, l'ont placé au rang des plus grands, des plus héroïques guerriers qu'ait jamais eus la France.

C'est à la plume de défunt Monsieur Houzé, secrétaire de la Mairie à Cambrai que nous devons la rédaction de cette notice biographique. Lorsque cet écrivain érudit et justement regretté de tous ceux qui l'ont connu, eut en main les documents authentiques, indispensables pour s'occuper de ce travail, il en fit son rapport à la société d'émulation de Cambrai. Celle-ci le jugea si intéressant, si utile à être reproduit et publié, que sur-le-champ elle vota les fonds nécessaires à l'impression de cette histoire.

Quand le travail fut sous presse, nous pûmes comme proche parent au héros de ce récit, en obtenir cent exemplaires dont presque tous furent distribués sur-le-champ aux principales autorités civiles et militaires de l'arrondissement de Cambrai, puis à M. Vallon, alors préfet du Nord, et à M. le ministre de la guerre. L'un et l'autre nous en accusèrent réception par une lettre accompagnée chacune des plus flatteurs remerciements.

Il nous semble utile de donner à nos lecteurs les explications qui précèdent pour qu'ils sachent quand et comment nous avons pu nous approprier cette notice.

Français, « la bravoure d'un de ces hommes

au cœur de bronze va vous être connue » ses brillants exploits le feront passer à la plus reculée postérité.

Lisez souvent et relisez ses belles actions, elles vous exciteront à l'imiter un jour. Quand dans vos âmes brûlera un égal feu sacré pour l'amour et l'indépendance de la patrie, la France, notre mère commune, trouvera en vous tout le concours efficace, assuré qu'elle réclame pour la régénérer et la préserver de la décadence et de l'abîme où un fatal génie a failli la plonger.

Soldats,

Si, au détriment de l'humanité de la civilisation et malgré la sagesse de nos gouvernants, la politique tortueuse, les prétentions exhorbitantes ou les atrocités d'un implacable ennemi nous amenaient à l'avenir de nouvelles guerres.

Que les glorieux faits d'armes que nous publions particulièrement à votre intention, dans les combats, dans les batailles soient ,sans cesse dans votre esprit.

Qu'ils vous apprennent à marcher d'un pas ferme au champ d'honneur et de la victoire.

Qu'ils vous inspirent le même dévouement pour la patrie, la même intrépidité et surtout le même sang froid dans les périls et les dangers.

Oui, on peut le dire sans crainte aucune d'être taxé d'exagération, une vaillante armée française composée de tels combattants, sans relâche porterait l'épouvante et l'effroi, dans les phalanges ennemies, quelque redoutables qu'elles soient, car tout autrement elle serait célèbre bien plus encore elle serait invincible.

BRIATTE-CARLIER.

# NOTICE BIOGRAPHIQUE

SUR

SAIGNEZ (Emmanuel-Joseph) [1]

PAR MONSIEUR VICTOR HOUZÉ.

———o—⊖—o———

L'amour de la patrie est la pierre de touche qui fait reconnaître les grandes âmes. C'est à ce sentiment élevé qu'est dû le dévouement sublime des *Léonidas,* des *Décius,* dont l'antiquité s'honore à juste titre. Il n'est pas l'apanage exclusif d'une caste. L'étincelle qui vient embraser les cœurs tombe indistinctement sur le plébéien et sur le patricien.

En 1792, au moment où la France, menacée par l'Europe coalisée, appelait tous ses enfants au secours de leur mère commune, d'innombrables bataillons de volontaires s'élancèrent vers la frontière. Le département du Nord, dans cette manifestation guerrière, fit voir que les communes de Flandre et de Hainaut n'avaient

[1] Dès son origine la Société d'Emulation a exprimé l'intention de s'occuper des biographies de ceux des hommes du pays qui ont acquis quelque célébrité. Elle ne fait aujourd'hui que se conformer à cette intention, en donnant ici place à la notice du sous-officier *Saignez.*

pas dégénéré. Plusieurs de leurs fils s'illustrèrent dans les luttes de titans qui suivirent la chute de la monarchie de Clovis. Les noms de ces guerriers sont burinés sur le marbre et sur l'airain ; ils passeront à la postérité la plus reculée. D'autre également généreux, mais moins favorisés de la fortune, quoique tout aussi dignes de notre admiration, auraient vu leurs actions héroïques tomber dans l'oubli, si le premier consul Bonaparte ne leur avait pas décerné des brevets d'honneur, noble récompense qui se délivrait au nom du peuple français et qui mettait en relief les titres du soldat à la haute faveur que lui accordait la patrie reconnaissante. Parmi ceux qui doivent figurer dans cette catégorie. l'arrondissement de Cambrai peut compter l'un de ses enfants, Saignez (Emmanuel-Joseph), né le 7 mai 1675, au hameau d'Ovillers, commune de Solesmes.

Nous nous félicitons d'avoir pu recueillir les renseignements nécessaires à la rédaction de la notice biographique de ce soldat aussi modeste que brave. Ce sera une pierre de plus pour le magnifique mausolée que l'histoire consacrera à la mémoire des immortelles phalanges de la République et de l'Empire.

Saignez, à peine âgé de 17 ans, ne resta pas sourd au cri d'alarme qui retentit de l'Escaut à la Bidassoa, de l'Atlantique aux Vosges et aux Alpes, et qui enfanta les quatorze armées de cette grande époque. Il s'enrôla à Cambrai le 3 novembre 1792, dans le régiment des hussards de Lauzun, sixième de l'arme. Il fit les campagnes de 1792, 1793, de l'an II, et de l'an III, à l'armée du Nord ; celle de l'an IV à l'armée de Vendée. Le 10 vendémiaire de cette année, il reçut, à l'affaire de Belleville, deux coups de feu à la jambe gauche : ce fut là son baptême de sang.

A peine guéri de ses blessures, Saignez rejoignit son corps à l'armée du Rhin et assista à toutes les affaires de la campagne de l'an V.

Le sixième régiment de hussards étant passé à l'armée de Piémont, il y fit la campagne de l'an VI.

Saignez, né et élevé dans un hameau, n'avait pas reçu d'instruction, et, malgré des actes multipliés de bravoure et de sang-froid dans le péril, il était resté ignoré. Il avait commencé la campagne n'étant encore que simple hussard. Il fut fait brigadier le 11 ventôse an VI et maréchal-des-logis le 10 messidor même année. Sa réputation militaire ne s'étendait pas au-delà de son régiment, mais, au moins, tous les escadrons de guerre du sixième hussards connaissaient l'intrépidité vraiment fabuleuse du maréchal-des-logis Saignez.

Le général Bonaparte, après avoir détruit en une campagne, quatre armées autrichiennes en Italie, avait dirigé ses légions victorieuses vers les rivages fameux de l'antique Egypte. Pendant qu'il subjuguait les régions pharaoniques, et qu'il tentait de délivrer la Syrie et la Palestine du joug des Osmanlis, les rois de l'Europe, de nouveau ligués contre la France, appelaient à leur aide les hordes du Nord. Le terrible Souvarow foulait déjà le sol de la Lombardie avez une puissante armée russe. Pendant la lutte qui va s'ouvrir, nous verrons figurer Saignez, dont la grande âme se révéla tout entière sur le même théâtre et au milieu de circonstances semblables à celles dans lesquelles s'immortalisa le chevalier Bayard, sans peur et sans reproche. C'est qu'en effet il n'appartient qu'aux âmes d'élite de résister au découragement qui gagne presque toujours les soldats, lorsque des défaites successives viennent mettre en question les talents du général, ou accuser l'insuffisance des forces à opposer à l'ennemi. Dans une armée victorieuse, le moral de chaque homme est électrisé et décuple ses moyens. Les troupes vaincues, au contraire, perdent leur énergie et de nouveaux désastres suivent les premières défaites, si parmi les soldats de l'armée battue, il ne surgit pas des hommes au cœur d'acier que le péril ne peut émouvoir et qui n'ont qu'une seule pensée : l'amour de la patrie.

Après la bataille de Magnano, qui eut lieu le 16 germinal an VII, l'armée française, commandée par le général Schérer se retira vers le Mincio. L'armée ennemie ayant passé l'Oglio en deux colonnes, le 6 floréal, Schérer se voyant pressé par une armée quadruple de la sienne, et voulant échapper à l'immense responsabilité qui pesait sur lui, donna sa démission et remit le commandement au général Moreau. Malgré tout le talent militaire du nouveau chef, la bataille de Cassano fut désastreuse pour l'armée française. Dans la journée du 8 floréal, Saignez, inaccessible à la crainte, aperçut, pendant une charge, deux hussards ennemis emmenant son capitaine ; à l'instant, il se jeta avec fureur dans les rangs ennemis, tua à coups de sabre un des hussards, débarrassa son chef et ramena l'autre hussards prisonnier. Pendant l'action, le brave Saignez reçut cinq coups de sabre sur différentes parties du corps et eut le bras droit traversé d'un coup de lance.

Les Autrichiens, vainqueurs, effectuèrent le passage de l'Adda et le général Moreau se retira sur le Tésin.

Le feld maréchal Souvarow couvrait les siéges de Tortone et de Coni. Le général Kray était en route pour venir joindre le maréchal, avec les troupes qui avaient servi au siége de Mantoue.

Ce fut dans cette occurrence malheureuse que Joubert, arriva à Gênes. Moreau lui remit le commandement de l'armée vers la fin de messidor et, en conséquence des ordres du Directoire, Joubert se prépara à prendre l'offensive.

Le 28 thermidor an VII, le général ayant en tête l'armé autro-russe, commandée par Souvarow, donna bataille à Novi, et, Joubert ayant été tué à la première charge, Moreau reprit le commandement de l'armée d'Italie et continua les opérations.

Les titres officiels de Saignez disent que, pendant cette sanglante journée, *Il chargea, plusieurs, fois, l'infanterie ennemie et en fit un grand carnage.*

Dans cette lutte suprême du 28 thermidor, le nombre l'emporta sur l'héroïsme. La perte des vainqueurs fut plus forte que celle des vaincus. Souvarow lui-même qui, naguère, avait commandé de sang-froid le massacre d'Ismaïl et celui de Praga, avoua, le soir de la bataille de Novi, qu'il n'en avait pas vu d'aussi terrible et de plus opiniâtre. Le nombre des morts, dans les deux armées, s'éleva ensemble à 25,000 hommes. Une sorte de frénésie s'était emparé des combattants, parvenus au dernier degré d'énergie et d'exaltation, surtout chez les Français, dont les cadavres conservaient, sur le champ de bataille, l'expression de la menace et de la fureur.

Après ce funeste évènement, les débris du 6<sup>e</sup> hussards furent dirigés sur la Suisse. Le général Lecourbe y faisait des merveilles et, retenant pendant trois jours, avec 13,000 hommes, le vainqueur de Novi et sa nombreuse armée, lais-

sait ainsi au général Masséna le loisir d'exter-
miner le corps autrichien de Hotze et le corps
russe de Korsakow, que Souvarow voulait ral-
ier. Ce fut dans l'un des nombreux combats qui
eurent lieu au commencement de l'an VIII que
Saignez, avec quelques hussards, tomba dans
un poste d'infanterie russe, sabra ce poste et ramena 40 prisonniers.

Le général Bonaparte, à son retour d'Egypte,
venait de renverser le Directoire. Il confia au
général Moreau le commandement de l'armée
du Rhin et, après avoir créé une armée de ré-
serve, il se mit lui-même en campagne, passa
les Alpes, comme Annibal, et gagna la célèbre
bataille de Marengo, qui le rendit, une seconde
fois, maître de l'Italie.

Pendant la réalisation des sublimes concep-
tions du Premier Consul, Moreau, général pru-
dent et habile, accomplissait, en ce qui le con-
cernait, l'exécution du plan de campagne du
général Bonaparte.

Après cette suite de grands combats que l'on
est convenu de désigner sous le nom de bataille
d'Hochstett, Moreau fit passer le Danube à son
armée, à l'exception de l'aile gauche, restée sur
l'Iller pour observer Ulm. L'armée autrichienne
étant en retraite, le corps du général Lecourbe
marcha sur Neubourg, pour y attaquer le général Kray, qui venait de passer le Danube avec un
corps de 25,000 hommes. Les Français rencon-

trèrent l'ennemi le 8 messidor, sur les hauteurs
d'Unterhausen, à la vue de Neubourg. Pendant
la bataille, il y eut plusieurs affaires de cavalerie
où le maréchal-des-logis Saignez soutint sa réputation. Son chef d'escadron étant tombé au
pouvoir de l'ennemi, Saignez, avec onze hussards, se précipita au milieu des cuirassiers autrichiens et, quoique blessé, reprit son commandement et, par sa bravoure, le sauva d'une
mort presque certaine. Dans cette journée, les
deux armées se battirent avec acharnement. Ce
fut à l'attaque des hauteurs d'Unterhausen que
périt, d'un coup de lance dans la poitrine, le
fameux Latour d'Auvergne, nommé, par Bonaparte, premier grenadier de France, et qui
marchait, comme simple soldat, dans la 1re com-
pagnie de la 46e demi-brigade de ligne.

Le corps du général Lecourbe ayant été en-
voyé par Moreau en expédition dans le Tyrol,
nous verrons Saignez se surpasser dans cette
nouvelle campagne.

Après avoir franchi le Lech à Landsberg, Lecourbe dirigea ses troupes sur Mindelheim et
Memmingen, d'où il devait s'avancer vers les
Grisons et le Voralberg. Pendant sa marche, le
corps de Lecourbe livra plusieurs combats, où
les Français eurent l'avantage. Enfin, la bataille
de Feldkirch, donnée le 24 messidor an VIII, rendit l'armée républicaine maîtresse de tout le
Voralberg et de la vallée des Grisons. L'armistice

conclu à Parsdorf, le 26 messidor, entre Kray et Moreau suspendit les hostilités pendant quelques mois.

Profitons de ce temps d'arrêt pour faire quelques réflexions sur la carrière de Saignez.

En lisant nos annales de 1792 à 1815, on est confondu d'étonnement au récit des hauts faits de ces soldats improvisés, qui

> Pieds nus, sans pain, sourds aux lâches alarmes,
> Tous à la gloire allaient du même pas.
>
> (Béranger.)

C'est-à-dire affrontaient la mort en héros, et épouvantaient, par leur inébranlable dévouement, les meilleures troupes des puissances coalisées contre nous.

Le nombre de ces intrépides soldats était tellement grand que leurs noms ne pourront point passer à la postérité. On ne peut expliquer que de cette manière le silence qu'ont gardé les historiens de ces temps héroïques sur les actes vraiment remarquables du sous-officier Saignez.

Cependant l'armistice ayant été dénoncé le 21 brumaire an IX aux généraux autrichiens, Moreau fit ses dispositions pour attaquer l'ennemi. L'armée française était divisée en quatre corps.

Le corps de Lecourbe, auquel Saignez appartenait, formait l'aile droite de l'armée, bordait les montagnes du Voralberg et du Tyrol, pour en observer les débouchés, et s'étendait de Feldkirch à la rive gauche de l'Iser. Lecourbe avait déjà poussé une forte avant-garde et lui avait fait prendre position en avant d'Helfendorf, sur la route de Rosenheim.

Le 12 frimaire an IX, eut lieu la célèbre bataille de Hohenlinden, amenée par les admirables combinaisons de Moreau, dont la réalisation fut favorisée au-delà de ses espérances, par l'inexpérience et la présomption de l'archiduc Jean.

Le plan général du Premier Consul était de faire relier les opérations de l'armée du Rhin avec celles de l'armée des Grisons commandée par Macdonald, et de fondre ensuite l'armée des Grisons dans l'armée d'Italie commandée par Brune. Le passage du Splügen par Macdonald est le pendant du passage du mont Saint-Bernard par Bonaparte. Cette célèbre marche de l'armée des Grisons fut terminée le 15 frimaire an IX et Macdonald, ayant ainsi exécuté l'ordre du Premier Consul, put se mettre en communication avec Brune, et former avec l'armée des Grisons l'aile gauche de l'armée d'Italie.

Les efforts des généraux républicains tendaient à s'emparer du Tyrol. A l'affaire du 28 frimaire, Lecourbe ayant demandé un officier pour aller à la découverte dans les gorges du Tyrol, le colonel Pajol répondit qu'il connaissait un sous-officier d'une rare intrépidité, et qui remplirait cette mission avec discernement et une complète abnégation de sa personne. Il fit venir Saignez, le présenta au général qui lui confia 20 hussards de choix et le détachement partit. Fier d'une telle distinction, Saignez prit ses mesures avec tant de sagacité qu'il surprit le poste nombreux préposé à la défense du défilé et, tombant comme la foudre sur la troupe ennemie, sabra tout ce qui lui résista et ramena 25 prisonniers au quartier général.

Brune ayant passé le Mincio et forcé le général Bellegarde à la retraite, pendant que Moreau détruisait l'armée de l'archiduc Jean, tous les plans de campagne de la cour de Vienne étaient ainsi renversés et la monarchie autrichienne se trouvait fortement compromise. L'archiduc Jean donna sa démission et le prince Charles fut replacé à la tête de l'armée de Danube.

Le 2 nivôse an IX, Moreau ayant porté son avant-garde à moins de vingt lieues de Vienne, l'armée allait se mettre en marche sur cette capitale, lorsque le général Grunne vint, au nom de l'harchiduc Charles, proposer au chef de l'armée française la conclusion d'un armistice, Moreau suspendit sa marche et le 4 nivôse la convention fut signée.

D'un autre côté, Brune et Bellegarde arrêtaient

à Trévise la convention d'armistice du 26 nivôse an IX, et dix jours plus tard, le cabinet de
Vienne, pour obtenir la sanction du Premier
Consul, consentait à la cession définitive de la
place de Mantoue, préparant, par ce moyen, les
voies au traité de paix qui fut conclu à Lunéville
le 20 pluviôse an IX.

Cette paix fut suivie de celle faite à Paris le 16
vendémiaire an X avec la Russie, de celle du 5
pluviôse an X, avec La Porte, et enfin du traité
de paix conclu à Amiens, le 4 germinal an X,
avec la Grande-Bretagne.

Le 6ᵉ régiment de hussards étant rentré en
France, alla tenir garnison à Sarre-Louis. Saignez s'y maria en l'an X, avec Barbe Landsberth.
Il était encore maréchal-des-logis au 6ᵉ hussards
lorsque, le 4 pluviôse an XI, il obtint du Premier
Consul un sabre d'honneur, distinction qui n'é-
tait accordée qu'aux braves entre les plus braves.

Le 12 pluviôse an XII, Saignez fut admis
comme gendarme dans la légion d'Indre-et-
Loire. Le 22 mai 1810, il obtint le grade de brigadier dans ce corps d'élite.

Saignez dont la santé était altérée par les fati-
gues extrêmes de ses laborieuses campagnes, et
qui voyait, en outre, ses blessures se rouvrir,
prit sa retraite le 20 octobre 1816. Il vécut encore
sept ans au sein d'une famille qui le vénérait, et
enfin s'éteignit en novembre 1823, à Montbazon
(Indre-et-Loire), où il s'était retiré.

# ÉPITRE

## A SA MAJESTÉ GUILLAUME

### ROI DE PRUSSE.

Notre épître au roi de Prusse, publiée en novembre 1870 dans notre revue hebdomadaire, fut très-bien accueillie et recherchée dans nos provinces, en Belgique et jusques en Allemagne.

Nombreuses demandes de la reproduire nous sont venues en ces derniers temps.

Nous sommes particulièrement touché de ce désir maintes fois réitéré.

Pour y répondre d'une manière efficace nous avons cru convenable de réunir la dite épître dans un opuscule avec la notice qui précède et que nous avons conçu le projet de faire paraître depuis les cruels évènements qui ont tant affligé notre commune patrie.

Lecteurs,

Notre but sera atteint, nos vœux entièrement accomplis, si le sentiment de la profond

douleur qui nous a inspiré en cette circons-
tance pénètre dans vos cœurs; si l'accent de
notre indignation trop légitime pour ne point
retentir dans tout le monde civilisé, concorde
avec la vôtre.

Alors nous serons unanimes à reconnaître, les
périls et les malheurs auxquels sont sans cesse
exposés les peuples assujettis à l'orgueil tyrannique, à la volonté dictatoriale d'un roi ou d'un
empereur.


CÉSAR,

Sur le trône où depuis déjà quelque temps
le seul droit de votre naissance vous a placé,
vous montrez aujourd'hui à tout l'univers n'a-
voir jamais cessé de concevoir les plus cruels
projets d'envahissement et de conquêtes.

Vous prouvez à l'humanité, touchée, émue
jusqu'aux larmes, n'avoir jamais su craindre de
sacrifier la vie de votre peuple, pour satisfaire
votre ambition, agrandir vos états, châtier les
provinces voisines et vous assurer vos conti-
nuelles convoitises.

Une des plus faibles contrées de l'Europe, le
Danemarck, gémit encore du résultat de votre
audace ignominieuse et démesurée, combinée
avec celle de l'Autriche, pour ensemble la sub-
juguer.

Celle-ci saigne encore des plaies profondes
que naguère vous lui avez ouvertes pour avoir
à vous seul toute la part du lion. Sadowa fume
encore des ruisseaux de sang que vous avez
fait couler.

Toutes les provinces allemandes que par la violence vous vous êtes annexées, subissent déjà, ô roi barbare! le joug de votre tyrannie comme forcées de marcher avec vos hordes d'esclaves, pour combattre et anéantir un peuple voisin, un peuple ami qui leur donnait asile et assistance, et avec lequel elles se trouvaient heureuses de vivre en paix, en véritables frères.

Non, César, la France bien moins que la Prusse, depuis longues années déjà, n'aimait, ne voulait plus la guerre, ni de ces luttes terribles qui font maudire et perdre les rois qui en sont l'auteur, comme elles ruinent et massacrent les nations qui en sont les innocentes et malheureuses victimes.

En ces derniers temps tous les cœurs vraiment humains par toute la France, à grands cris demandaient le désarmement général, pour la tranquillité, le bonheur et la sécurité de tous les peuples :

Et vous, César, par votre orgueil à dominer tout l'univers, vos desseins cachés pour détruire l'équilibre européen, sans relâche vous avez vigoureusement poussé vos armements formidables jusque sur nos frontières, pour rester ainsi comme une menace permanente, suspendue sur nos têtes, afin d'arriver au jour le plus prochain, le plus propice à subitement nous envahir.

Par votre politique tortueuse et votre silence obstiné, vous avez refusé faire droit à de trop légitimes explications que nous devions vous réclamer sur ce point, et vous nous avez ainsi contraints à vous en demander compte par une démonstration de guerre.

Mais si le Souverain qui devait veiller à notre

sécurité nous a trahis, trompés par ses faiblesses,
son audace et son incapacité ; la nation entière
qui n'a jamais voulu et ne cherche encore que
son bonheur dans son indépendance, comme
celle de toutes les autres, mériterait-elle jamais
le sort cruel que vous voudriez lui infliger ?

Souvenez-vous, César, de la conduite généreuse
de la France en ces derniers temps.

La Belgique lui doit son indépendance, sa
pleine et entière liberté ; l'Italie, la réunion des
contrées qui la composent aujourd'hui ; l'Autriche, le prix de sa délivrance aux jours néfastes
où vous l'avez battue.

C'est au concours, à l'appui de la France que
la Grèce et la Turquie savent tenir leur autono-
mie.

L'Angleterre comme la Prusse et la Russie,
ont constamment trouvé en temps de paix dans
la France, une alliée fidèle, et le berceau du pro-
grès et de la civilisation dont elle sut répandre
et propager les bienfaits jusque sur les plus
lointains rivages.

Si la Prusse se fut trouvée un jour exposée à
être soumise, dévastée ou démembrée par un
ennemi aussi téméraire et aussi cruel que vous,
la France, moins ingrate que les nations voisines auxquelles elle fut et reste pourtant si
utile, la France n'eût pu rester impassible dans
une aussi douloureuse situation ; elle n'eût pu
laisser taire la voix de l'humanité, et elle eût su
peser par tous ses moyens dans la balance,
pour faire cesser les maux qui accablent la
France et l'Allemagne, dans la lutte acharnée
où elles se trouvent aujourd'hui.

Jusques à quand, ô César ! la soif des conquêtes vous fera-t-elle verser impitoyablement
le sang de tant de milliers d'hommes qui s'entre

déchirent pour votre seul orgueil, et qui sont aussi et même plus dignes que vous de vivre en paix, en véritables frères ?

Jusques à quand saurez-vous fouler aux pieds même les premiers devoirs d'un Souverain, qui consistent à soutenir la vie, la tranquillité et le bonheur de ses sujets ?

Comme un autre Attila longtemps encore serez-vous sourd à la voix de tant de familles que vous plongez dans la consternation et la douleur ? Longtemps encore serez-vous insensible aux larmes abondantes qui coulent de toutes parts et vous vous rirez de la veuve éplorée, en Prusse comme en France, de la mère qui se meurt de désespoir d'avoir perdu, par vos desseins abominables, les trois enfants qu'elle a portés, nourris et qui sur ses vieux jours faisaient son unique soutien?!!

Cruel encore mille fois vous serez si à ce poignant et véritable récit, vous n'êtes touché de tous les malheurs que vous occasionnez, et pour lesquels tout l'univers qui vous juge, et l'histoire de tous les siècles à venir qui redira éternellement tous vos forfaits, vous voueront à la haine, au mépris et à l'indignation de tous les peuples !

Le rédacteur,

BRIATTE-CARLIER.

P. S. Cette épitre, César, sera, dans toute l'Europe, répandue par milliers d'exemplaires pour le bien de l'humanité qu'aussi cruellement vous osez outrager, et le châtiment terrible que vous en devez attendre.

---

Cambrai. — Imp. de Régnier-Farez.

www.ingramcontent.com/pod-product-compliance
Lightning Source LLC
Chambersburg PA
CBHW051358050726
47595CB00006B/2619